DE LA COALITION

DES

.CHEFS D'ATELIER

DE LYON.

DE LA COALITION

DES

CHEFS D'ATELIER

DE LYON.

PAR

JULES FAVRE,

AVOCAT.

LYON.

LOUIS BABEUF, ÉDITEUR,

RUE SAINT-DOMINIQUE.

———

M DCCC XXXIII.

J'ai défendu les chefs d'atelier devant le tribunal de
police correctionnelle, le tribunal les a condamnés. Quelque légère que soit leur peine , le principe n'en a pas
moins succombé, et je voulais le triomphe du principe.
Mais pour être consciencieux , les juges ne sont point
infaillibles : j'appelle de leur sentence à l'opinion.

Car ce procès est un fait grave ; il se rattache direc-
tement aux causes qui tourmentent la société , et re-
muent jusqu'au fond de ses entrailles des germes de vie

ou de mort. Il intéresse la France entière, et surtout l'industrieuse et riche cité qui en a été le théâtre. Enfin, il le faut dire: la décision des magistrats n'a rien terminé; elle a proclamé l'illégalité d'une coalition, et la coalition subsiste. Elle a implicitement flétri la cupidité des négocians qui font sur la main-d'œuvre de l'ouvrier un bénéfice exagéré, et la loi est impuissante à réprimer ces dangereux abus. Ainsi notre avenir est livré à deux forces rivales qui se heurteront violemment. Si la publicité n'oblige pas celle qui n'a point le droit pour elle à reculer. Avec cette conviction et quelque foi dans l'influence de la raison, c'est un devoir d'élargir le cercle étroit de l'audience, et de populariser, au moyen de la presse, les vérités utiles qu'elle a manifestées.

C'est pour remplir ce devoir que j'écris. Si je ne m'étais cru dégagé de toute préoccupation de personne ou de coterie, j'aurais gardé ma défaite pour moi ; le public n'a que faire de débats individuels, il a tout à gagner à ceux qui mettent en question les intérêts généraux.

Les chefs d'atelier étaient accusés de conspiration industrielle, dans le but d'exploiter les fabricans. Le reproche était neuf, et pour qu'il fût tout-à-fait inconcevable, les véritables intéressés, ceux dont l'existence était menacée par la coalition, se taisaient. Je me trompe, ils avaient eux-mêmes adhéré aux réclamations qu'on leur adressait, et prouvé par-là leur équité et leur convenance. En suite de ce traité de paix, les travaux, momentanément suspendus, avaient repris leur cours, et la prospérité commerciale qu'amène aujourd'hui une réaction de consommation long-temps attendue, compensait avec usure la faible diminution de bénéfice que les fabricans récalcitrans avaient consentie, quand, au risque de raviver des haines éteintes, M. le procureur du roi a requis et le tribunal prononcé contre les prétendus délinquans l'application de l'art. 415 du code pénal. Certes, c'est une fatale nécessité que celle imposée à des magistrats honnêtes, qui par austérité de conscience étouffent leur conscience, frappent, d'une loi qu'ils condamnent, des hommes qu'ils approuvent et soutiennent de leur sympathie. Il y a dans ce despotisme de la légalité quelque chose de révoltant, mais d'utile, parce que dans un pays civilisé la loi doit être plus haute que toutes les répugnances, et que le jour où ces répugnances ont pour organe les ministres même de cette loi, la justice est bien près de reprendre l'empire que les textes lui avaient usurpé.

Si donc le ministère public, si les juges ont cru voir dans la conduite des chefs d'atelier une coalition illégale (ce qui peut être contesté), il ne faut point les blâmer de s'être rappelé l'art. 415; article que la réforme de 1832 eut modifié si nos gouvernans n'avaient point, avant tout, peur des classes ouvrières, et ne s'imaginaient qu'elles doivent être muselées pour que l'administration soit possible et la monarchie debout; mais cette peur insensée l'ayant laissé au code pénal, les tribunaux le trouvent mauvais et l'appliquent.

Du reste ces poursuites, quelqu'imprudentes qu'elles fussent, n'ont point été inutiles. Elles ont appris ce qu'était ce peuple-ouvrier qu'on a tour à tour si fort adulé et calomnié. Puissance indéfinie qu'on nomme souveraine et qu'on affame, à laquelle on prodigue de jalouses caresses et qu'on ne craint point de brider au besoin avec des régimens et des bastilles. On a pu voir son énergique et simple bon sens, la fermeté inébranlable qu'il puise dans la conscience de sa force et de

son droit, et se convaincre qu'il valait mieux lui dire
en face ses vérités toutes dures, que de le payer d'une
hypocrite méfiance qu'il ne mérite point. D'autre part,
ce procès a prouvé aux ouvriers qu'une loyale et pacifique union pouvait seule améliorer leur sort, et qu'ils
rencontreraient toujours un appui dans la bienveillance
tutélaire des magistrats, lorsqu'ils s'abstiendraient de
violence.

Cette double démonstration valait bien la solennité
d'une audience.

Quatorze chefs de famille étaient prévenus ; treize
mutuélistes et un *compagnon*. Les faits reprochés à ce
dernier étaient si peu importans, que le ministère public s'est désisté : je n'en parlerai donc point. Je m'atta-
cherai seulement à dire sous quels auspices s'est formée
la société des *mutuélistes*, et comment elle a été pro-
gressivement conduite aux actes que le tribunal a jugés
coupables.

Tout le monde connaît l'organisation de la fabrique
des étoffes de soie à Lyon. L'ouvrier ne loue point di-
rectement ses bras à l'industriel qui fournit les matières
premières et vend les produits manufacturés. Il faudrait,
pour que cette combinaison fût possible, que l'ouvrier
possédât un métier ou en reçût un du fabricant ; mais
comme l'un n'a que son talent, l'autre que ses capitaux
et ses soies, le propriétaire du métier est entre eux
un indispensable intermédiaire. Ce propriétaire est le
chef d'atelier. C'est lui qui traite avec le négociant pour
la confection de l'étoffe que celui-ci a promis de livrer
au commissionnaire, ou qu'il veut vendre lui-même ;
avec l'ouvrier, auquel il donne le logement et les usten-
siles de travail, moyennant une retenue de la moitié du
salaire payé par le fabricant. Le chef d'atelier est donc

aussi un chef de famille ; il a une maison, est chargé d'un loyer et souvent d'une patente. Tandis que l'exis_ tence de l'ouvrier peut être vagabonde, celle du chef d'atelier est fixée par la nature même de ses relations avec le fabricant, par la garantie du domicile , et la responsabilité morale de celui qui commande à ses semblables. Ces conditions d'indépendance et d'oppo- sitions d'intérêts ont long-temps été cause d'un isolement presque complet des chefs d'atelier entre eux ; car si les hommes sont enclins à s'associer, c'est moins peut- être pour satisfaire un secret penchant du cœur , que pour suppléer à la faiblesse individuelle que la civilisa- tion rend plus saillante , et cette faiblesse augmente à mesure qu'on descend vers la foule qui n'a que ses bras pour lendemain. Aussi est-ce là, aux derniers rangs des travailleurs , qu'on rencontre les plus puissantes asso- ciations. Ainsi le compagnonnage enlace toutes les bran- ches de l'industrie, et demeure debout malgré les coups que lui ont porté les idées de liberté indéfinie que rêvaient les membres de l'assemblée constituante. Le compagnonnage existe parmi les tisseurs de soie de Lyon ; mais les chefs d'atelier sont restés en dehors de sa vaste congrégation. Toutefois, sans remonter aux époques où les industries étaient légalement enrégi- mentées en régulières corporations , on trouve parmi eux des traces d'associations philantropiques qui existent chez la plupart de nos ouvriers. Il y a quelques années, ces liens prirent une nouvelle force , parce qu'il fallait résister aux calamités pressantes que faisaient fondre sur notre ville les concurrences intérieures et extérieures. Depuis la révolution de juillet surtout le malaise s'accrut, et avec lui le besoin de s'unir. La société des *mutuélistes,* ainsi que son nom l'annonce , était une alliance défensive pour lutter avec moins de désavantage contre la misère et les accidens de la vie. Ses membres s'enga-geaient à se soutenir réciproquement dans leurs mala-dies, à se fournir des instrumens de travail ; coalition aussi honorable pour ceux qui la formaient, que rassu-rante pour la paix de la cité. On lui donna une organi-sation régulière et des chefs, des assemblées périodiques furent déterminées, mais toutes pacifiques et d'intérêt privé, causantes plus que délibératives, entourant sans mystère la table d'un cabaret, et placées sous la prési-dence fortuite d'un membre qui maintenait le silence et prévenait la confusion. Ces assemblées, toujours peu nombreuses, parce qu'elles étaient fort multipliées, existèrent long-temps sans éveiller les susceptibilités de la police ; depuis quelques mois seulement elle a jugé à propos d'y voir les élémens d'une menaçante conju-ration. Ainsi réunis, les chefs d'atelier s'éclairèrent mutuellement. Le contact des hommes n'est jamais stérile ; l'intelligence et le cœur y gagnent également. On y apprend à distinguer ses intérêts, et en même temps à respecter ceux d'autrui ; l'égoïsme s'efface avec l'ignorance, et l'on s'aperçoit bien vîte quelles garanties de sécurité et de force on acquiert par quelques légers sacrifices faits en vue du bien général.

Cet utile résultat ne fut point le seul. Les chefs d'ate-lier ne s'étaient point tout dit en se communiquant leurs procédés d'industrie, en pourvoyant aux secours à dis-tribuer ; ils avaient encore à se plaindre ; car ils souf-fraient. Quand un orage ébranle l'état, la consommation se restreint, les productions languissent et le fisc devient plus avide. Ses dépenses augmentent et ses ressources diminuent ; il taille donc dans le vif, et va jusqu'à muti-ler la vie de l'homme. Les salaires sont plus faibles, les

impôts plus forts, que deviendra le travailleur pauvre ?
Si quelque épidémie n'est pas là pour le délivrer de ce
monde, il est poussé au désespoir ; mais lorsqu'à ces
causes générales de détresse, vous ajoutez d'infâmes spéculations sur sa misère, comprendrez-vous qu'il s'irrite
et se jette dans la rue en demandant à la société du pain
ou des balles ? or, cela s'est vu. D'ignobles trafics ont
été faits et figurent aux inventaires de quelques négocians qui maintenant aumônent fastueusement les ouvriers qu'ils ont volés. A Dieu ne plaise que je veuille
faire ici des récriminations ! Le champ serait vaste, je
ne m'y aventurerai point. Ayant pris la plume pour
défendre, non pour diffamer, je laisse aux coupables,
que je ne nomme point, la honte de leurs richesses
hypothéquées sur la rapine et les sueurs du peuple
indignement escroquées. Je leur laisse aussi le remords
d'avoir attiré sur notre commune patrie une sanglante
catastrophe, et sur la corporation entière des fabricans
des sentimens d'hostilité que tous sont loin d'avoir
mérités. Mais qui ne sentira quelles pensées de colère
bouillaient au récit de ces odieuses exactions ; comment
certaines maisons étaient désignées à la haine des ouvriers ! L'injustice a sa popularité comme la vertu ; mais
cette popularité peut un jour de désordre être un arrêt de
mort. Les chefs d'atelier le savaient ; ils virent à la fois
et la profondeur du mal, et les horribles conséquences
que ce mal portait dans son sein ; ils voulurent à tout
prix le guérir. Après s'être inutilement adressés aux
fabricans, ils invoquèrent l'autorité, s'imaginant que
les hommes qui gouvernent ont l'intention et le pouvoir de prévenir l'extinction ou la révolte d'une classe
entière de la société.

C'était là une erreur : l'autorité locale voulait, elle

ne pouvait pas. Elle n'avait jusqu'alors songé, suivant ses instructions, qu'à la récolte des impôts, aux conspirations, à l'espionnage des bureaux ; la tête lui tourna quand elle se rencontra en face d'une question industrielle ; elle crut qu'un trait de plume et une affiche allaient la trancher, et ce fut avec cette légèreté ignorante et présomptueuse qu'elle rendit insoluble le problème qu'on lui donnait à résoudre. Pour arrêter la dépréciation progressive du salaire, les chefs d'atelier remontaient aux traditions de l'empire, et réclamaient un tarif. Les fabricans, moins trois ou quatre, ne s'y opposaient point ; était-ce lâcheté ou perfidie ? C'était lâcheté ; car le tarif proclamé, les signataires rédigeaient en cachette un mémoire accusateur, que nul d'entre eux n'osait porter au ministère. On sait le reste ; on sait qu'une victoire inespérée couronna d'héroïques efforts. A l'histoire le soin d'assigner les véritables causes du drame sanglant qui la prépara, et d'en faire peser la responsabilité sur les chefs malhabiles qui nous gouvernaient, et sur les fabricans qui se jouèrent d'une parole donnée. Bon ou mauvais, le tarif existait, librement consenti, sanctionné par le pouvoir. On ne pouvait le briser violemment. Les ouvriers étaient donc dans leur droit en en réclamant l'exécution. C'était leur charte à eux qu'on menaçait d'un coup d'état ; mais plus leur droit était évident, plus la leçon fut éclatante. Victorieux, ils furent plus misérables, et comprirent par-là qu'il ne suffisait pas d'être les plus forts, qu'il fallait surtout user de moyens efficaces. Or, la violence, quelquefois nécessaire pour terminer une difficulté politique, est toujours funeste aux travailleurs, dont elle paralyse l'activité. Elle est donc mauvaise dans les questions industrielles, et, l'expérience faite, on ne commet plus la même faute. Aussi le luxe de méfiance qui poussa l'autorité à désarmer la population lyonnaise , afin de désarmer les ouvriers dont on avait grande peur , était-il fort superflu. Les ouvriers savaient que l'argument du fusil ne valait rien , ils y avaient renoncé.

Je doute que les fabricans qui leur sont demeurés hostiles aient retiré le même profit des mêmes événemens, lorsque j'entends chaque jour ceux qu'ils avouent pour leurs organes parler de revanche , rappeler complaisamment tous les moyens de répression matérielle qu'ils ont dans la main. Les insensés ! comme si la force n'étaient pas toujours du côté du nombre ! et ils y font appel , eux qui sont quatre contre vingt !

La situation de ces deux partis me paraît analogue à ce qui existait sous la restauration entre les émigrés et les libéraux. Les émigrés voulaient châtier. Ce n'était, à leur dire , qu'une poignée de rebelles à corriger. Ils semblaient avoir rapporté d'outre-Rhin des verges toutes prêtes, et ne manquaient vraiment que d'hommes assez complaisans pour se laisser battre. Les libéraux , au contraire , qui étaient les plus forts, n'invoquaient point la force , mais le droit. Ils embrassaient la charte , affluaient aux colléges électoraux , combattaient sans relâche par la tribune et la presse. Qu'en est-il résulté ?

Tout de même après novembre les ouvriers ont senti qu'ils devaient conquérir leur émancipation sociale par la défense pacifique de leurs droits. Aussi du désordre de la catastrophe surgit l'*Echo de la Fabrique*, protestation décisive contre la violence, que tout homme éclairé a dû saluer avec reconnaissance. Sans doute l'*Echo de la Fabrique* n'a pas toujours scrupuleusement rempli ses devoirs : qui s'en peut flatter ? A des plaintes légitimes , il a quelquefois mêlé une âpreté plus nuisible qu'utile à sa cause ; mais il faut excuser des écarts au début de la carière. Quand on a long-temps souffert en silence, la première parole vibre dur. Tel qu'il a été, l'*Echo de la Fabrique* a rendu de grands services ; tel qu'il sera, confié à un homme ferme et modéré, il doit prendre le premier rang parmi les publications périodiques de province.

Toutefois, certains abus étaient plus forts que la publicité ; perpétués sous le voile de la liberté commerciale dont la philosophie et la politique ont fait un dogme inattaquable ; ils menaçaient l'existence de la fabrique lyonnaise ; plus leur racine était profonde, plus énergique devait être la résistance opposée à leur envahissement. Au premier rang se place la réduction constante et systématique du salaire. Je dis systématique, parce qu'à toutes causes générales qui l'amènent, il en faut joindre une toute spéciale, et peut-être la plus puissante, l'amour immodéré du gain qui tourmente la plupart des fabricans. Je serais mal appris, moi qui commence ma vie, à censurer ma génération avec les regrets du passé : si le monde avait quelque profit à reculer, nous serions de grands fous, nous qui cherchons à le pousser dans des voies nouvelles. Néanmoins, je dois le dire ; l'influence des révolutions qui ont secoué tant d'existences, et plus encore d'un gouvernement qui a pris l'argent pour base de capacité et de pouvoir, a réagi sur nos mœurs. Elle les a rendues mercantiles et calculatrices. L'argent faisant tout, on fait tout pour en avoir. Quand c'était la naissance, l'ambition ne tournait pas la tête de la bourgeoisie ; elle sera moins cupide quand le talent et la probité seront des conditions gouvernementales. Mais aujourd'hui il n'est si mince commis qui ne rêve six cent mille francs au bout de dix années

de travail ; si malhabile débutant qui ne gronde la fortune quand elle ne vient point tout d'abord à lui, et les
richesses s'accumulent rapidement ; vous allez savoir aux
dépens de qui.

Les richesses ne sont jamais que des économies , un
excédant de la consommation sur la production. Or, la
population tendant plutôt à s'accroître qu'à diminuer ,
et la consommation nécessaire à la vie étant à peu près
invariable , il s'en suit que les richesses sociales et in-
dividuelles n'augmentent que par un surcroît de production. Si donc la bourgeoisie lyonnaise s'est enrichie
d'un dixième depuis dix années, et certes la proportion
est plus forte , le surcroît de production pendant ce
temps a été d'un dixième ; mais ce surcroît, à qui le
devons-nous ? au travail , et par travail j'entends toutes
les opérations intellectuelles et manuelles qui concour-
rent à la fabrication. Or, le travail est non-seulement la
source de la production, il est la source de la propriété.
L'homme n'est maître légitime que de ce qu'il a gagné ;
tout le reste lui vient de la faveur d'une loi qui pourrait
être changée, tandis qu'on blesserait le droit en le dé-
pouillant du fruit de sa peine. Ce surcroît de production,
que j'évalue à un dixième, appartient donc à tous les
travailleurs. La répartition variera de proportion entre
eux , suivant la capacité , l'activité et le nombre des
opérations de chacun. Les ouvriers n'ont jamais demandé à gagner autant que les fabricans ; mais il
faut reconnaître qu'ils n'ont pu être déshérités de
leur part , si faible qu'on la fasse , dans ces bénéfices
généraux qui sont en partie leur ouvrage : ceci est
évident.

Eh ! bien au contraire , leur salaire a constamment

baissé. J'entends parler de la concurrence étrangère (1).
Je croirais à ses désastreuses conséquences, si les meubles du fabricant étaient quelquefois vendus à l'encan
avec ceux du pauvre artisan qui s'est ruiné en travaillant
quinze à dix-huit heures par jour. Mais quand les fabricans prospèrent, voilà bien des richesses acquises en
dépit de la concurrence. Si je voulais prendre les registres domestiques de la bourgeoisie, je prouverais sans
peine combien elle a augmenté ses dépenses et fait des
économies depuis dix ans ; et la classe ouvrière ? on la
paye moins. Et ce qu'on ne lui donne point, disons
mieux, ce qu'on lui vole, fait la fortune de ceux qui,
au milieu d'une carrière commencée avec l'argent d'autrui, sont plus opulens que leurs pères après toute une
vie de travail.

---

(1) Je ne nie point que les manufactures de Zurich, d'Italie
et d'Angleterre ne produisent à plus bas prix que les nôtres :
ceci tient à des causes qu'il ne m'appartient point d'expliquer
ici ; mais on a beaucoup exagéré les torts qu'elles nous occasionnent. La lutte que nous soutenons avec elles dure depuis
plus de dix années, et n'a point empêché certains fabricans de
s'enrichir. Assurément l'industrie doit tendre à diminuer les
frais de main-d'œuvre ; mais ce rabais ne peut être pris sur le
salaire des ouvriers. Il faut chercher un moyen d'augmenter la
production sans accroître le nombre des bras ; c'est-à-dire,
des rétribués qui se partagent le bénéfice ; alors nous pourrons
nous présenter avec avantage sur les marchés les plus défavorables aujourd'hui. Quoi qu'il en soit, je persiste à penser que
dans l'état actuel, Lyon n'est point écrasé par la concurrence
étrangère, non-seulement parce que la production est beaucoup
plus considérable, mais encore parce que la qualité de ses
produits sera toujours préférée.

Ce résultat n'est-il pas une monstrueuse iniquité ?

Et de plus une effroyable menace pour notre avenir ; car toute iniquité sociale qui dure amène une vengeance. Que faire d'une population acculée à la misère, et qu'on sépare des richesses qu'elle a produites, par une ceinture de baïonnettes qu'elle briserait du petit doigt ?

Ce fut devant ces graves difficultés que les chefs d'atelier se crurent obligés de recourir à quelque remède extraordinaire: Le mal était pressant : certaines maisons payaient jusqu'à quarante pour cent de rabais. On touchait à la limite après laquelle l'ouvrier n'aurait plus de pain. Or, cette dépréciation progressive amenait, par deux voies différentes, la perte de la fabrique. Le fabricant mauvais payeur pouvait livrer à dix ou vingt pour cent au-dessous du prix demandé par ses collègues, et leur faire ainsi une désastreuse concurrence, en gardant encore pour lui vingt ou trente pour cent de bénéfice sur la main-d'œuvre. D'autre part, le compagnon libre de tout engagement vis-à-vis du négociant, désertait les ateliers mal rétribués, pour louer ses bras plus cher. Le chef d'atelier devait donc, ou ne point livrer ce qu'il avait promis, ou solder lui-même au compagnon la différence du salaire ; encore ce sacrifice ne l'eut-il pas soutenu long-temps : car le fabricant qui payait mieux l'avertissait chaque jour que la concurrence le forcerait à descendre au prix de ses confrères, si ses confrères ne montaient point jusqu'aux siens. Il fallait donc un moyen de les y conduire.

On l'eut cherché vainement dans la loi. Vainement dans les institutions qui protégent l'ouvrier. M. le procureur du roi demandait pourquoi les chefs d'atelier mal payés continuaient un travail désavantageux, et ne portaient point leur industrie ailleurs ; pourquoi ils toléraient mille injustices de détail que le conseil des prud'hommes est chargé de réprimer. Ce magistrat aurait dû songer que l'ouvrier est toujours placé sous la dépendance immédiate de celui qui l'emploie, et contraint de subir sa loi. Qui ne sait d'ailleurs quelles indignes manœuvres sont mises en jeu pour arracher une réduction ; comment de promesses en promesses, de courses en courses l'ouvrier dégoûté, pressé par le besoin, accepte un salaire à peine suffisant pour sa vie et celle de sa famille. Que peut le conseil des prud'hommes contre ces honteux calculs ? Et d'ailleurs, malgré le caractère paternel de sa jurisprudence, et la popularité de son origine, ce tribunal est un remède extrême auquel un ouvrier paisible et soigneux de sa réputation n'a recours qu'avec une sorte de répugnance. Il doit craindre que des poursuites même légitimes ne lui soient reprochées et n'éloignent de lui les fabricans qui payent bien.

L'impuissance des lois et des institutions constatée, reste à savoir si les chefs d'atelier devaient attendre ou prévenir les désordres inévitables que cet état de choses couvait ; ils ont mieux aimé les prévenir et je les en félicite. Fussent-ils sortis de la légalité, ils se sont montrés bons citoyens, en se jetant au travers de ces passions prêtes à s'enflammer, en se dévouant pour tous leurs frères aux colères du pouvoir, eux pères de famille et chefs d'industrie que nul n'accusera, je pense, d'ambition ou d'emportement. Aussi bien devant la police correctionnelle ont-ils dédaigné le complaisant défaut de mémoire des fabricans appelés en témoignage. Ils n'ont pas voulu de cette absolution par alibi qu'on leur offrait ; mais, se désignant eux-mêmes, ils n'ont reculé devant la responsabilité d'aucun de leurs actes.

Ainsi fait l'homme d'honneur dont les intentions sont pures, et qui, sous le poids d'une condamnation, croit encore que le délit prétendu qui l'a motivée, est un service rendu à son pays.

Les ouvriers étaient poussés à la misère par ignorance et faiblesse ; mais l'union élargit les idées ; elle centuple les forces. Ainsi, l'individu chétif et délaissé trouve un appui dans la loi, contrat sacré de tous les hommes entre eux. Si ce contrat lui manque, il cherchera soutien ailleurs, jusqu'à ce qu'il le trouve ; car avant tout il faut qu'il se conserve. Supposez que l'état supprime gendarmes et police judiciaire, chacun défendra sa vie à main armée, et couronnera sa maison de créneaux ; on s'associera pour être plus forts ; et plus l'association sera nombreuse et franche, mieux la sécurité de ses membres sera garantie. Les ouvriers n'ont pas fait autre chose. Déshérités de protection légale, ils se sont entendus pour vivre et résister à l'oppression. Les chefs d'atelier sont devenus leurs mandataires et leurs organes, et les fabricans récalcitrans ont cédé.

En se faisant le centre de cette action, la société des *mutuélistes* ne s'est point écartée de sa mission ; instituée pour le secours réciproque des ouvriers entr'eux, elle avait nécessairement les yeux ouverts sur la lèpre qui dévorait leur existence. A la cupidité de certains fabricans, elle résolut d'opposer l'unanimité de l'inertie. Du reste, l'exécution en devançait le projet ; les compagnons annonçaient hautement qu'ils cesseraient de travailler pour un salaire dérisoire. Quelques-uns abandonnaient brusquement les ateliers, d'autres parlaient d'une demande d'augmentation tumultueusement adressée aux fabricans par la masse des ouvriers. Il fallait prendre parti. Dans les assemblées de *mutuélistes* qui se réunissaient périodiquement, on arrêta qu'une commission serait nommée pour déterminer un minimum des étoffes les plus mal payées. Le tarif fut dressé d'après une commune des prix ordinaires ; et les chefs d'atelier, connus par leur modération, furent choisis pour se rendre chez les fabricans récalcitrans et leur proposer l'augmentation. Ces députés portaient dans leurs mains la paix et la guerre. La paix fut acceptée par la grande majorité des négocians visités. Huit ou dix s'obstinèrent, il leur fut dit que leurs métiers cesseraient de battre.

Etait-ce menace ou prédiction d'un fait inévitable ? on en jugera tout-à-l'heure. Quelques jours après, les métiers ne battaient plus. Quelques jours encore ils battaient. Les fabricans avaient augmenté.

De quelle manière l'interruption des travaux s'était-elle liée à la menace ou prédiction des *mutuétistes* ? l'instruction l'a supposé et non expliqué.

De minutieuses enquêtes ont été faites, et l'on a constaté que presque tous les ouvriers de fabricans mauvais payeurs avaient reçu la visite de deux ou trois jeunes gens qui leur venaient enjoindre de ne plus travailler. La plupart ont déclaré ne les point connaître. Cependant l'instruction en signale un que plusieurs personnes ont désigné. Je ne le nommerai point. Je demande seulement pourquoi on ne l'a point poursuivi ?

Les ouvriers ainsi avertis, couvrirent leurs métiers. Mais les enquêtes attestent que nulle violence ne les y contraignit. Plusieurs refusèrent d'obéir. Ils étaient donc libres. Un plieur se vante même, dans sa déposition, d'avoir usé envers les visiteurs d'un mode fort incivil d'expulsion. Les religieuses des Ursulines sont les seules à parler de menaces. On comprend le plaisir qu'ont pu se donner quelques jeunes étourdis à épouvanter ces saintes filles. Elles n'en ont pas moins repris leurs travaux sans ordre officiel.

Trois faits principaux sont donc avérés : 1° La société des *mutuélistes* ou d'assistance réciproque des chefs d'atelier a nommé des délégués pour demander à certains fabricans une augmentation de salaire. 2° Ces délégués ont rempli leur mission, et dit aux récalcitrans que leur obstination entraînerait la suspension des métiers. 3° Les ouvriers de ces fabricans ont reçu d'inconnus l'injonction de couvrir leurs pièces, et ils ont ou n'ont pas couvert, suivant leur volonté ; la plupart ont couvert.

L'instruction n'a pas prouvé autre chose.

Je ne parle point, en effet, d'un prétendu ordre du jour qui n'a figuré au dossier qu'en forme de copie écrite de la main de M. le commissaire central, et dans lequel les noms du président et des signataires sont laissés en blanc, sans doute pour la plus grande commodité de la procédure. Devant le public, comme devant la justice, je veux raisonner sur des pièces sérieuses, et non sur des pastiches de police, jetés aux badauds comme aliment de terreur et de soumission.

Maintenant, je demande si des faits que j'ai cités on peut faire sortir la preuve de la coalition prévue et condamnée par l'article 415 du code pénal. Le ministère public et les juges l'ont pensé.

Voici ce fameux article : « Toute coalition de la part
« des ouvriers pour faire cesser en même temps de tra-
« vailler, interdire le travail dans un atelier, empêcher
« de s'y rendre avant ou après de certaines heures, et en
« général pour suspendre, empêcher, enchérir les tra-
« vaux, s'il y a eu tentative ou commencement d'exécu-
« tion, sera punie d'un mois d'emprisonnement au moins
« et de trois mois au plus.

« Les chefs ou moteurs seront punis d'un emprison-
« nement de deux à cinq ans, »

J'ai contesté l'application de cet article par un triple motif.

D'abord, les chefs d'atelier ne sont point ouvriers. Dans l'acception académique et légale, l'ouvrier est celui qui ne loue que ses bras. Aussi l'appelle-t-on *manœuvre*, mot qui résume toute ma pensée. Or, le chef d'atelier n'est point un manœuvre, non-seulement il fait des avances de métiers, de montage et d'autres frais acces-soires, ne se contentant pas de louer ses bras, mais encore il peut ne pas travailler lui-même, et ne point réunir en une seule personne la double qualité d'ouvrier et de chef d'industrie. Peu importe d'ailleurs qu'il oc-cupe un métier ; sa fonction est d'employer des compa-gnons ; il n'est pas plus ouvrier que les fabricans qui font tisser chez eux et tissent quelquefois eux-mêmes des échantillons précieux. Tout étant de rigueur dans l'ap-plication des lois pénales, il est permis de repousser l'article 415, comme n'atteignant que la classe des ou-vriers dont les chefs d'atelier ne font point partie.

Ce n'est point d'ailleurs une misérable dispute de mots. La distinction légale est aussi fondée en raison. La loi prévoit et punit les délits les plus communs ; elle ne s'occupe pas de ceux que repousse la force vraisem-blable des choses. Ainsi, les ouvriers n'ayant qu'un intérêt simple et facile à comprendre, savoir, l'augmen-tation de leur salaire, peuvent aisément se tromper sur les moyens de le satisfaire. Quand le code pénal se rédi-geait, les ouvriers étaient ignorans, et l'ignorance s'exploite commodément. On pouvait craindre qu'ils fussent entraînés à des résistances aussi préjudiciables à leur existence qu'à la tranquillité publique et à la prospérité commerciale. Il n'en est point de même d'un chef d'industrie , dont les rapports avec les négocians sont compliqués et délicats ; qui doit, pour réussir , combiner des chances , ménager des susceptibilités. La nature même de sa condition est une garantie suffi̅sante pour la société : aussi la loi est-elle muette à son égard ; elle ne prévoit pas plus une coalition des chefs_s d'atelier vis-à-vis des fabricans , qu'une coalition de fabricans vis-à-vis des commissionnaires. On a donc faussement appliqué l'article 415.

Ce n'est pas tout : la simple lecture de cet article prouve qu'il ne prévoyait point une organisation industrielle semblable à celle de Lyon. En effet, de quoi parle-t-il ? D'une coalition faite dans le but d'interdire le travail *dans un atelier,* empêcher *de s'y rendre avant ou après de certaines heures,* et en général de suspendre , empêcher, enchérir les travaux. Ces termes s'appliquent évidemment à des ouvriers travaillant dans une même manufacture , sur un même chantier , liés envers leur maître par des engagemens , et qui, d'ailleurs, doivent par leur union rendre impossible la continuation des travaux. Les chefs d'atelier sont libres ; ils ont un domicile indépendant , et traitent de gré à gré avec le négociant. S'ils se coalisaient , ils ne violeraient aucune promesse ; mais cette coalition possible entre des ouvriers, répugne entre des chefs d'industrie disséminés au sein d'une grande ville , et qui , malgré la communauté de leurs intérêts , ne s'entendront jamais tous pour forcer la main au commerce qui les nourrit. En un mot, on comprend qu'un atelier soit brusquement déserté par le concert des manœuvres dont le travail est toute la fortune du manufacturier, et c'est un fait de cette nature que punit l'art. 415 ; mais des chefs d'atelier, citoyens et pères de famille n'agissent point ainsi : le voudraient-ils, ils ne le pourraient. Maintenant si deux chefs d'atelier, éclairés par une discussion réciproque de leurs intérêts, s'ac-cordent à reconnaître qu'il est désavantageux de tra-vailler au-dessous d'un certain prix, s'ils vont réclamer une augmentation sans laquelle ils refusent leurs mé-tiers, y aura-t-il coalition ? Au lieu de deux, mettez-en quatre, vingt, cent, y aura-t-il davantage coalition dans le sens de l'article 415 ? non sans doute ; car cette réclamation n'a de général que son motif ; au fond, elle est toute individuelle. Chacun de ceux qui l'a faite est libre d'y renoncer. Il y renoncera fort vite, si elle est injuste, par la crainte de voir ses confrères en profiter.

Aussi le tribunal de police correctionnelle me semble-t-il s'être trompé, non-seulement en considérant les chefs d'atelier comme des ouvriers, et des ouvriers gagés, mais encore en qualifiant de coalition illégale les faits qui leur étaient reprochés. Il est demeuré cons-tant que les prévenus ont averti les fabricans mauvais payeurs que le refus d'augmentation entraînerait la cessation des travaux, et que les travaux ont cessé. L'instruction n'a point établi de liaison entre ces deux actes ; circonstance qui suffirait pour l'acquittement des prévenus, puisque le corps du délit manquait ; mais les chefs d'atelier, dont j'ai embrassé la cause, ne veulent, pas plus que moi, d'arguties légales. Cette liaison, restée obscure au procès, ils la confessent, seu-lement ils contestent sa criminalité.

On se rappelle dans quelles conjectures la société des *mutuélistes* délégua quelques-uns de ses membres auprès des fabricans. L'industrie venait de reprendre une acti-vité universelle. De nombreuses commissions étaient jetées sur la place, et le salaire de l'ouvrier décroissait.

Les compagnons des ateliers mal rétribués menaçaient ou s'éloignaient. Les fabricans bons payeurs se disaient écrasés pas la concurrence et contraints de diminuer leurs prix. Que serait-il arrivé, si par un fétichiste respect pour l'article 415 la société des *mutuélistes* n'était point intervenue? Je l'ignore. Toute vaine frayeur à part, l'expérience nous a montrée où conduisent d'opiniâtres résistances quand elles mutilent la vie de l'homme et insultent à la misère du peuple. Mais on peut affirmer que le moindre mal eut été la suspension du travail. Ce résultat était inévitable. La société des *mutuélistes*, avec la puissance qu'on veut bien lui supposer, ne l'aurait point empêché. Elle ne l'aurait point voulu, parce qu'il serait injuste d'exiger du compagnon, pour enrichir le fabricant, un travail qui doit être rétribué plus avantageusement.

La suspension du travail n'a point été l'œuvre des *mutuélistes*, mais l'application de cette loi économique qui entraîne l'extinction de toute fabrication mal payée, alors que les bras qu'elle occupe, peuvent, sans dérangement, trouver un salaire plus élevé. Que faisaient donc les chefs d'atelier en annonçant aux fabricans qu'un refus de leur part arrêterait leurs métiers? Menaçaient-ils? Non; pour menacer il faut disposer d'une chance de bien ou de mal. Les chefs d'atelier, instruits à l'avance des volontés de leurs compagnons, ne les gouvernaient point. Ils en avaient ajourné l'exécution par ces tentatives de conciliation. Leur inefficacité constatée, les compagnons se retirèrent. Ils ne sont revenus qu'avec l'augmentation.

Mais on s'est transporté chez les ouvriers des fabricans désignés pour y couvrir les pièces? Qui? La société qui a nommé ses députés auprès des négocians, n'avoue plus

ces nouveaux émissaires, et l'instruction n'a point produit leur mandat, même en copie de la main de M. le
commissaire central. Cependant il importait de savoir
s'ils agissaient de leur propre autorité ou comme envoyés
des *mutuélistes*; car, dans le premier cas, on ne pourrait
reprocher à ceux-ci que d'avoir empêché quelques jours
la suspension des travaux, en essayant une démarche
pacifique, reproche qu'ils acceptent. Dans le second, ils
auraient précipité et régularisé la conséquence inévitable
de l'abaissement du salaire ; mais de coalition, je n'en
vois nulle part. Une coalition suppose le lien des promesses réciproques, et l'enquête a constaté que chacun
était et se savait libre. Les visiteurs ne sommaient point
au nom d'une convention obligatoire, ils invoquaient
l'intérêt général; on obéissait ou on résistait, et nulle
sanction pénale, nulle violence ne ramenait les oppo-
sans au vœu de la majorité. Si c'est là une coalition, elle
est au moins fort misérable, et c'est bien à tort que
M. le procureur du roi a lancé ses foudres contre elle,
quand la simple volonté d'une ouvrière suffisait pour
la briser. Il vaut mieux, ce me semble, laisser un peu
trop le glaive au fourreau, que de guerroyer contre des
moulins à vent.

Mais si la question judiciaire est pitoyable, si l'article
415, vu de terre, et complaisamment installé dans le
sanctuaire de la loi, est encore repoussé par la plus
étroite interprétation des faits, subissant ainsi la double
réprobation de la morale et de la légalité, le problème
social que cette cause et bien d'autres symptômes ont
posé devant nous, n'est point résolu par ces critiques et
ces fins de non-recevoir. Ce problème, le voici : l'industrie
qui, depuis quarante années, a grandi par les efforts individuels et rivaux des travailleurs, peut-elle vivre avec

leur association? Et même, cette association ne devient-
elle pas tous les jours une nécessité plus pressante qui
absorbera tôt ou tard les résistances de la loi et de la
routine ?

C'est là une vaste et belle thèse que la philosophie a
jetée récemment à ses disputeurs, et que l'émeute ins-
crira de force à l'ordre du jour de nos législateurs, s'ils
s'obstinent à ne point entendre les cris de détresse des
populations qui les nourrissent pour qu'ils s'occupent
de leur bonheur. Pour moi, je méconnaîtrais et mes
forces et la tâche que je me suis imposée, si je la mettais
toute entière à la remorque d'une plainte de M. le pro-
reur du roi, et comme post scriptum de la justification
des chefs d'atelier. Néanmoins avant de poser la plume,
il m'est impossible de n'en pas dire un mot, de ne pas
indiquer comment elle se rattache aux faits spéciaux
que j'ai discutés, ne fut-ce que pour attirer sur cette
grave matière l'attention des hommes forts, qui joignent
à une volonté généreuse l'intelligence profonde du bien.
C'est à eux que je m'adresse; ils me relèveront si je
tombe dans l'erreur. Je m'adresse encore aux classes
ouvrières et aux fabricans de bonne foi ; aux unes pour
les encourager, aux autres pour les avertir. Je demande
qu'on me lise, comme je crois écrire, sans prévention
et avec le désir d'améliorer le sort de ceux qui souffrent.

Légitime ou non l'association d'un grand nombre de
travailleurs existe. Elle a lié de temps immémorial les
ouvriers compagnons ; loin de s'affaiblir parmi eux elle
se régularise à mesure qu'ils s'éclairent. De plus elle
gagne de proche en proche, elle envahit les maîtres. Le
procès des chefs d'atelier l'a prouvé. Ce mouvement est-
il bon ou mauvais? Doit-il être favorisé ou comprimé
par la législation? Nous avons sous la main les élémens

nécessaires, sinon à la solution au moins à l'éclaircisse-
ment de cette question.

Dire que l'article 415 est une monstruosité, parce qu'il
attaque le droit imprescriptible d'association, c'est ré-
péter un lieu commun de collége qui peut être entouré
de phrases pompeuses, mais ne prouve rien. Je ne
sache pas que l'homme social puisse revendiquer l'exercice d'un seul droit absolu. Il faut toujours, avant de le
lui accorder, le mesurer avec les droits de ses semblables, et le lui refuser si l'harmonie générale en doit être
troublée. Le jour où il serait démontré que la liberté de
la presse est un instrument de désordre, il la faudrait
étouffer. Permis aux faiseurs de gouvernemens sur pa-
pier de donner carrière à toutes les manifestations de
l'activité humaine ; quiconque a touché aux faits s'aperçoit bien vîte que certaines ont besoin de bride, et
qu'on ne pourrait sans folie abandonner à elles-mêmes
des volontés encore aveugles ou passionnées.

Ainsi je ne veux point faire de métaphysique sur le
droit d'association, et le champ serait large. Je recon-
nais au pouvoir la faculté de le restreindre, et même de
l'anéantir, s'il est dangereux dans l'état actuel des choses.
Nous voici de la sorte ramenés à une question de fait.

J'ai parlé de la misère des ouvriers de Lyon. J'ai dit
que cette misère dévorait comme un chancre une partie
de notre population. Elle retentit dans toute l'Europe
le jour où elle promena dans nos rues le drapeau de
la guerre civile. Le gouvernement qui avait eu peur de
cette protestation, ne se contenta point de faire défiler
à la suite d'un enfant et d'un vieillard l'inutile parade
d'une armée conquérante en vertu d'un ordre du jour ;
il écrivit au *Moniteur*, son confident officiel, quelques
lignes de sympathie pour la classe ouvrière, et promit

de songer à ses intérêts. Mais sans être vieux d'âge, nous avons pu mesurer de notre expérience personnelle les promesses du pouvoir. La crise passée, sa bonne volonté s'évanouit ; il s'occupe à trôner et à corrompre ; et les souffrances demeurent, elles s'aggravent. Car lorsqu'une branche de la constitution sociale commence à languir, il faut porter remède au mal ou le voir s'étendre. Ainsi depuis novembre 1834, la situation de nos ouvriers a été loin de s'améliorer, les débats du procès des *mutuélistes* l'ont révélé. Les fabricans affirmaient que les salaires étaient suffisans, et que les métiers rapportaient en moyenne 4 francs ou 4 fr. 50 cent., c'est-à-dire, 2 fr. ou 2 fr. 25 au compagnon, autant au chef d'atelier. Les prévenus et leurs témoins ont démenti ou expliqué ces détails. Ils ont prouvé que certains articles n'étaient payés que quarante-cinq ou cinquante centimes, et qu'une journée de travail n'en produisait que quatre aunes. Qu'est-ce donc pour le compagnon qu'une journée de un franc ou un franc cinquante centimes, même deux francs, quand il faut subvenir à toutes les nécessités de la vie ! Lorsque de lourdes impositions frappent les objets les plus indispensables ! Et pour le chef d'atelier à la charge duquel sont les frais de métiers, dévidage, tordage, cannetage, le logement du compagnon, un loyer ruineux, l'entretien et l'éducation de sa famille, et la perte des chômages ! Un chef d'atelier démontrait avec des chiffres qu'une pièce de cinquante-huit aunes, payée à soixante-cinq centimes, ayant occupé un métier pendant trois semaines, lui avait valu, déduction faite de la part du compagnon et des frais, cinquante-cinq centimes de bénéfice. Voici d'autres renseignemens non moins officiels, et que différens chefs d'atelier ont fournis sans connaître l'usage auxquel ils étaient déstinés.

Frais d'une pièce de gros de Naples , de cinquante aunes , payée 70 centimes l'aune :

Dévidage . . .	5		Le bénéfice brut est de		
Cannetage. . .	3	15	50x70. . . . . . . 35 fr.		
Pliage.		60	Il faut en dédui-		
Location. . . .	2	40	re , 1.º la moitié		
Usure de harnais et mécanique. . .	1	60	pour le compagnon 17	50	
Lit et service du compagnon. . . .	1	60	Reste. 17	50	
Chauffage. . . .		80	2.º Les frais. . 16	15	
	16	15	Bénéfice net pour le chef d'atelier. . 1	35	

On remarquera que dans cet état, copié fidèlement, tel qu'il m'a été remis , l'ouvrier n'a porté ni la nourriture de la tordeuse qui est à la charge du chef d'atelier, ni l'éclairage, et cependant la plupart des métiers ne cessent de battre que vers le milieu de la nuit, alors que depuis de longues heures ceux qu'ils enrichissent dorment paisiblement.

Un métier de gros-de-Naples peut, selon un autre calcul, produire par année 800 aunes à 60 centimes.

Le bénéfice est donc de 480 fr. Il faut en déduire , 1.º la moitié pour le compagnon , ... 240 fr.

Reste 240

2.º Pour dévidage, 10 c.
par aune , ... 80 fr.
Cannetage, 5 c. p.ʳ *idem*, 40
15 pliages à 70 c. 10   50
15 tordages à 80 c. . . . 12
Nourriture de la tordeuse,
   50 c. chaque fois, . . . 7   50
Usure et entretien des har-
   nais , ... 14
Blanchissage et entretien
   du lit du compagnon, . 7
Loyer du métier à raison
   d'un loyer de 250 fr. ,
   somme très-minime, . 62   50
               233   50

. . . . 233   50

Bénéfice net pour une année de travail, . . 6   50

Qu'est-ce donc qu'un bénéfice de 6 fr. 50 c. par métier pour une année de travail ?

Ces deux exemples sont tirés de la fabrication des étoffes unies, la plus mal rétribuée ; en voici un troisième où il est question d'étoffes façonnées : ici le montage du métier est à la charge du chef d'atelier, et les frais en sont considérables. Pour un métier de gilet à corps et à lisses , de 4000 maillons , on compte :

Bois de métier et accessoires . . . 50 fr.
Mécanique 100
4000 maillons et arcades 80
Six navettes diverses 15
Frais de montage 50
Remisse en soie 80
Dix journées perdues . . , , . 20
Plomb et lisses 5
                                   400

Le chef d'atelier est donc forcé de faire, préalablement à tout travail, l'énorme avance de 400 fr. Maintenant voici le tableau de ses bénéfices :

Un premier métier a fait, du 13 avril au 19 mai
(35 jours), 77 aunes payées 2 francs ; produit . 154 fr.

Desquels il faut déduire, 1.º la
moitié pour le compagnon . 77
2.º Pour dévidage 10
Cannelage 5
Pliage 70
Tordage et nourriture . . 3
Loyer, 35 jours à 300 fr. l'an . 7
Entretien du lit 1 75
Chauffage , déduction faite
des mois d'été 2 50
Intérêt de 400 fr. 2
Usure et entretien du métier 5

113 95 ci. . 113 95

Bénéfice net pour le chef d'atelier 40 5

Un second métier a fait, du 24 avril au 13 juin
(50 jours de travail), 56 jours et demi, à 3 fr. 50 c.,
produit 196 25

Desquels il faut déduire, 1.º la
moitié pour le compagnon, . 98 15
2.º Pour dévidage , . . . 7 65
Cannetage , ... 4
Pliage et tordage , . . . 3 70
Loyer, 50 jours, ... 10 10
Lit et chauffage , ... 6 50
Intérêts de 400 fr. , . . . 3
Usure et entretien du métier, 7 50

140 60 ci . 140 60

Bénéfice net pour le chef d'atelier , . . . 55 65

Ce qui fait à peu près 1 fr. 10 c. par jour au chef

d'atelier, au compagnon 2 fr. 15 c. sur la première pièce, et 1 fr. 96 c. sur la seconde.

Ces salaires ne sont-ils pas strictement nécessaires à la vie de l'homme, et peut-on y toucher sans que cette vie soit menacée ?

Je sais que la fabrication des étoffes riches est plus productive ; mais outre qu'elle n'occupe qu'un fort petit nombre d'ouvriers, elle fait peser sur le chef d'atelier d'énormes frais de montage, et quelquefois l'article est abandonné avant qu'il ait pu récupérer les avances.

La misère des ouvriers est donc prouvée par chiffres ; je viens de la compter en francs et centimes : ceux qui la nient ne m'accuseront pas de déclamations.

Mais peut-on sans douleur traduire ces chiffres par leurs conséquences, et voir à quelle dure existence sont condamnés des hommes qui sont nos égaux et nos frères ? Si je disais que chaque année la fabrication des tissus qui font notre richesse flétrit de jeunes et florissantes vies, que de robustes organisations viennent s'étioler et sécher de fatigue pour produire à bas prix, consumant en quelques jours de privations et de travail les forces que Dieu leur avait données pour un plus long et meilleur emploi, qui n'unirait sa voix à la mienne pour réclamer énergiquement une modification à la constitution qui tolère et nécessite de si odieux sacrifices ? Et cependant ce n'est là qu'une faible partie du mal. Quand la faim et la peine ont creusé le tombeau du pauvre travailleur, la société n'y prend garde, elle a toujours un coin de terre, un fossoyeur et un prêtre ; et lui, misérable victime d'un système qui l'a impitoyablement broyé pour donner sa substance en pâture à d'autres hommes, lui qui a souffert à la mamelle de sa mère où il suçait un lait corrompu par la fatigue, souffert dans son enfance, souffert dans sa jeunesse, il dit sans regret un éternel adieu à cette terre de malédiction où il n'a pu trouver sa place ; et si la foi vit encore dans son cœur, il tend les bras à Dieu qui saura bien combler l'abîme de ses désirs si cruellement refoulés ici-bas ; mais il est quelque chose de pis que la mort, que la mort hideuse et désolante de l'hôpital, c'est la corruption, c'est l'avilissement de l'ame. Eh bien ! la corruption est fille de la misère. L'ouvrier lutte contre elle avec désespoir, et son étreinte l'enlace, le pousse malgré lui à la banqueroute, au déshonneur. Je parlais de ses filles ; ils nous donnent leurs bras, et nous qui ne les payons point assez pour qu'elles en puissent vivre, nous prostituons leurs corps aux viles passions du plus offrant. On les accuse d'inconduite ! D'inconduite, grand Dieu ! lorsqu'on profite des privations auxquelles les condamne la modicité du salaire, pour rendre plus énivrantes les séductions dont on les entoure, lorsqu'on spécule sur leur misère pour souiller leur innocence et profaner leur beauté ! Et c'est là pourtant la vie de tous les jours ! L'ouvrière qui veut être sage, doit manger du pain, boire de l'eau, se vêtir de bure, et consentir souvent à manquer d'ouvrage. Si je n'avais été témoin de ces honteuses stipulations, de ces concessions arrachées à la pudeur par la faim, je n'y croirais pas ; mais j'ai entendu, et l'on veut que je ne demande pas hautement qu'on mette un terme à tant de turpitudes, à ces exploitations lubriques du plus fort, en donnant à l'ouvrier un salaire qui assure son indépendance ! Oh ! non, je ne le puis. Et quand à moi se joindront tous les hommes de cœur et de talent, la société consentira peut-être à ouvrir les yeux et à prendre un parti.

Depuis cinq ans les chefs d'atelier qui avaient un faible

patrimoine l'ont dévoré. La plupart sont endettés. Beaucoup d'entre eux n'ont payé ni leurs fournitures, ni leurs loyers. Végéter ainsi entre la crainte de périr et la dure nécessité de supporter l'humiliation d'une déconfiture, de s'entendre reprocher la détresse d'autrui à laquelle on a involontairement concouru, est-ce vivre?

Est-ce vivre que d'avoir toujours derrière soi des obligations d'honneur auxquelles on a manqué, et qui deviennent plus étroites, plus impitoyables, plus impossible à remplir à mesure qu'elles s'accumulent ; devant soi, le devoir impérieux de subvenir à l'entretien d'une famille et l'incertitude de son avenir ?

Et quand à cette vie ainsi réduite, précaire et mutilée on veut encore arracher un lambeau pour ajouter aux richesses des riches, appelerez vous justes et respectables les lois qui le permettent? Mettrez-vous des baïonnettes à leur service, réservant par une stupide contradiction vos sympathies pour les victimes que vous faites, et votre mépris pour les cupidités devant lesquelles vous agenouillez votre protection et votre assistance !

Vous le pouvez, mais songez bien que nul être créé ne se laisse paisiblement écraser, que le reptile siffle et se dresse sous le pied qui l'aplatit, et que l'homme avant de mourir se lève de toute sa taille pour mesurer son oppresseur. Et qu'arriverait-il si dans cette dernière épreuve, il se trouvait dix fois plus grand, dix fois plus fort que lui? Croyez-vous qu'il se décidât à mourir ?

Ne parlez donc point de légalité dans de telles questions. Votre légalité est une transaction obscure et de mauvaise foi entre deux puissances hostiles. C'est un champ de bataille d'enfans ; maintenant que nous avons grandi il ne peut plus nous contenir. Le pouvoir dit et prouve que la légalité le tue. Eh bien, soit ! qu'il en sorte et se lance à ses périls et risques, à travers des sentiers non battus. Il ne courra pas toujours sans rencontrer face à face, au travers de sa route, une puissance égale pour le saisir et l'arrêter. Mais qu'il ne fasse plus peser sur le peuple cette chaîne dont il s'est affranchi, qu'il lui donne l'espace et laisse flotter sur ses robustes épaules les rênes que sa débile main ne sait point tenir. Le peuple accepte la responsabilité de sa force et de son indépendance. Il tracera son avenir loin du camp où s'agitent les stériles passions de ses maîtres, il plantera son drapeau au-dessus de leurs disputes vides et intéressées. Et quand la vigueur lui sera revenue à se gouverner lui-même, il se mettra sur son séant, et les petits hommes qui lui parlent si haut, se trouveront tout juste au niveau de ses pieds pour les baiser.

Car voilà le dilemme fatal que toute société pose au pouvoir, qu'il s'agisse de politique, de religion ou d'industrie. Dirigez ou abdiquez. Une société ne couronne point des chefs pour les faire trôner, mannequins inutiles, sur le velours et l'or. Un chef doit marcher en avant, ou se perdre dans la foule. Avoir la prétention de gouverner et ne le pouvoir, avouer qu'une législation est monstrueuse, et dépenser chaque année près de deux milliards pour la conserver, sympathiser avec le malaise des classes laborieuses et autoriser par impuissance l'odieux trafic de quelques usuriers de salaire, c'est folie. Et si le pouvoir s'y obstinait, il épuiserait sa vigueur et compromettrait notre sécurité. Qu'il reconnaisse donc son ignorance, qu'il dise franchement qu'il ne sait pas de remède aux atroces douleurs qui déchirent les entrailles de l'industrie; mais en ne faisant rien pour elle, puisqu'il ne peut rien, qu'il ne brise pas brutalement la seule ancre de salut qu'elle même s'est façonnée. Les besoin sociaux ne rentrent point dans le néant de par la notification d'un jugement de police correctionnelle ; et quand en face de leur développement on n'a d'autre conciliateur que le sabre du gendarme, il le faut laisser au fourreau, il faut abandonner l'avenir à la providence et à ceux qui ont intérêt à se le faire le moins mauvais possible.

Long-temps les ouvriers ont demandé autre chose, long-temps ils ont supplié l'autorité de les conduire ; ils auraient volontiers échangé l'obéissance contre la protection. On ne l'a pas voulu. Rejetés par l'imbécillité des gouvernans, ils se sont associés, ils ont mis en commun leurs lumières, leurs volontés, leurs énergies, et formant ainsi un faisceau compact et fort, ils ont engagé contre les abus qui menaçaient leur existence une lutte calme et persévérante, sans employer d'autres armes que la publicité et l'inertie.

Que les peureux s'en épouvantent, je le comprends. Il est des hommes que les écoles mutuelles font frissonner d'horreur, et qui voient dans ces pauvres enfans si imparfaitement initiés à la vie morale, des envahisseurs imberbes devant un jour voter en place publique le rétablissement des *lois agraires* (qui n'ont jamais existé). Moi, je m'incline devant le génie puissant de la civilisation, qui aux résistances brutales de l'incendie et du meurtre, fait succéder la discussion, l'invocation patiente du droit et le refus pacifique de se soumettre à d'injustes conditions. Dans les cités antiques les plébéïens s'assemblaient pour égorger les patriciens. Au moyen âge, quand les seigneurs et les évêques disposaient en maîtres de leurs vassaux, ces vassaux s'assemblaient, ils avaient leur mot d'ordre, leur beffroi, et les armes à la main, à la lueur des flammes qui dévoraient les tourelles princières, ils écrivaient avec le sang de leurs oppresseurs leurs chartes de franchises. Nos pères nous peuvent dire ce qu'a fait l'association bourgeoise et philosophique du dernier siècle pour se débarrasser de la noblesse, de la monarchie et du clergé. Certes, il est permis de se réjouir et d'espérer lorsqu'après tant d'exès, les masses quittent ces routes ensanglantées et donnent au principe d'association, élément nécessaire de l'humanité, une direction plus noble et plus morale. Nous n'avons point rappetissé. A la génération chargée de nous ensevelir, nous ne laisserons point ce monde sans y avoir marqué notre passage par un progrès.

Maintenant l'association des classes ouvrières est-elle un remède topique contre leurs misères, doit-on uniquement chercher à la perfectionner et à l'étendre ? Je ne le pense pas. La constitution actuelle de l'industrie cache des vices radicaux, beaucoup de forces se débattent dans les vaines entreprises d'un esprit désastreux de concurrence et de rapine. La concurrence enfante la ruse et la mauvaise foi. L'amour du gain dessèche le cœur, il entraîne aux spéculations hasardeuses où naufragent ensemble le bien-être et l'honneur. Une législation plus sévère sur les faillites, la proscription complète de l'agiotage, l'établissement de banques départementales, feraient affluer les capitaux vers l'industrie , et en augmentant beaucoup la production amélioreraient le sort des travailleurs

Mais la concurrence : la concurrence a été diversement jugée. L'école économique née des discussions philosophiques du siècle dernier en a fait l'ame du commerce. On la signale aujourd'hui comme un agent de destruction. La raison en est simple. Le dix-huitième siècle devait abattre les monopoles qui enchainaient l'industrie, il a planté au milieu de leurs vieilles entraves le drapeau de la liberté illimitée. Le principe était bon, car il a fructifié, des millions de bras se sont agités, et leurs efforts ont enfanté des merveilles. Ils ont placé l'industrie sur une route nouvelle, et maintenant l'espace est devant elle avec ses idéales promesses, ses trésors sans fin et ses jouissances qui doivent s'éparpiller sur le monde entier comme la rosée du ciel. Il a donc été magnifique, ce vaste élan des travailleurs remuant l'Europe au beau soleil de la liberté, et, cependant, les travailleurs se plaignent ; la production augmente chaque jour et les souffrances aussi ; il y a dans les parties inférieures du corps social une fièvre de malaise alarmante, dans les parties supérieures une fièvre d'avidité qui prostitue les principes de liberté. Alors de bienfaisante qu'elle était la concurrence devient fatale ; mise au service de faméliques nécessités ou d'insatiables ambitions, elle se dégrade, elle fait la guerre avec des tricheries qui ruinent les productions de bonne foi, et offensent le consommateur dupé. La faute en est-elle à la liberté commerciale ? Irez-vous pour arrêter ce désordre parquer les activités, et soumettre l'atelier industriel au vaste niveau d'une administration homogène ? Autant vaudrait rouvrir les sépulcres des temps écoulés, et ressusciter les monopoles, les tarifs et les commissions royales. Mais non : l'humanité ne reprend plus les routes délaissées, même alors qu'on changerait leurs noms. La liberté est notre patrimoine, et nous ne la troquerons pas davantage contre un despotisme mystique ou scientifique, que contre l'exploitation d'une noblesse morte ou d'un clergé qui s'en va. C'est en nous-mêmes qu'est le remède, et non dans un vain replâtrage des idées éteintes au flambeau de la civilisation moderne.

Or le remède contre les abus de la concurrence ne

peut-être que l'association loyale des travailleurs, com-
binée de telle sorte que l'émulation soit excitée par l'intérêt personnel, et n'en fasse point un guide exclusif.
J'ignore comment sera rédigée cette charte de l'avenir
qui mettra un terme aux angoisses de l'industrie, mais
j'ai la conviction qu'on l'écrira. A force de se retrancher
derrière l'égoïsme, les commerçans seront conduits, par
des nécessités calculables, à s'unir dans un intérêt général. Déjà des symptômes de cette révolution se manifes-
tent, et nous avertissent quelle marche nous prendrons
pour éviter l'abîme où nous pousseraient les tendances
actuelles : tendances à une répartition toujours plus
inégale des produits. Les chefs d'atelier, en s'associant,
ont donc obéi à une loi de leur époque ; ils ont résisté,
avec la seule arme qui leur restât, à une destruction im-
minente ; ils ont attaqué les abus de la concurrence et
dans leur sein, et parmi les fabricans qui les emploient.
Loin de les en punir, il faut les féliciter ; ils ont donné
un bel exemple, exemple qui sera fécondé par l'expérience et la nécessité : deux conseillers qu'on ne saurait
long-temps mépriser.

C'est ainsi que de toute part les travailleurs se rap-
prochent et confondent des efforts jusques là divisés.
Vainement le pouvoir pense-t-il entraver cette fusion en
jetant au travers ses petits réquisitoires, et l'application
étroite de l'article 415. Il n'est pas d'éloquence de procureur du roi, ni de texte du code pénal capables de com-
primer un besoin social qui se fait jour. L'article 415
périra, les procureurs du roi changeront leurs phrases,
et l'association restera debout ; des classes inférieures,
elle montera plus haut ; car si elles étaient plus faibles
dans leur isolement, elles deviendront plus puissantes
par leur union, et ceux qui les dominaient autrefois

seront amenés malgré eux à une transaction pacifique.

Ce résultat a commencé sous nos yeux. Non seulement les fabricans mauvais payeurs ont consenti une augmentation que le tribunal correctionnel a lui-même qualifié de légitime, d'autres abus aussi graves ont disparu. Avant l'association beaucoup de négocians, en remettant à l'ouvrier les matières premières, n'inscrivaient point sur son livre les conventions de fabrication, et quelques-uns profitaient de ce silence pour les fausser à leur profit. Maintenant l'inscription est devenue presque générale. L'enlaçage des cartons était laissé aux frais de l'ouvrier par un grand nombre de maisons, aujourd'hui le fabricant la supporte. Je ne parle pas des injustices de détail que l'association préviendra. Il suffit, je crois, que les rares négocians qui se les permettraient sachent bien que le public a l'œil ouvert sur eux, et qu'on les flétrira sans pitié pour que la pudeur leur tienne lieu de vertu.

Mais cette association condamnée à regret par le tribunal correctionnel, absoute par l'opinion, encouragée par tous ceux que n'aveuglent point d'étroites passions, et qui ne veulent point escompter notre avenir pour enrichir quelques hommes, n'a-t-elle pas ses dangers ? Ne jette-t-elle point un état dans l'état ? Ne met-elle pas l'industrie aux mains des travailleurs subalternes, qui dans l'exagération de leurs exigences peuvent égorger la poule aux œufs d'or, et livrer le monde aux désordres d'une lutte anarchique ? Enhardis par l'augmentation qu'ils ont obtenue, les ouvriers ne prétendront-ils pas imposer la loi de leurs caprices? et quand cette loi sera inexécutable, que deviendra la fabrique lyonnaise?

Je réponds sans hésiter que ces craintes sont chimériques. L'histoire nous apprend que la patience est la vertu des classes inférieures. Ce n'est qu'après de longues et rudes souffrances qu'elles s'émancipent et réclament une part moins jalousée des avantages sociaux. Je ne sache pas qu'une seule émeute populaire de quelque importance, une seule manifestation énergique aient eu lieu sans une cause profonde et légitime. De prétendues lois d'honneur peuvent pousser deux champions à un combat singulier, pour la plus mesquine des niaiseries, mais le peuple ne s'organise, il ne lutte que par nécessité. Il sait fort bien que ces ressources extrêmes sont dangereuses, et qu'il en faut user avec modération. Qu'on se rassure donc. Les ouvriers ne demanderont point un salaire exorbitant, précisément parce qu'il serait impossible de le leur accorder. Ils ne feront point aux fabricans des conditions trop dures, parce que ces conditions entraîneraient leur propre ruine. Si en effet le renchérissement du salaire empêchait le négociant de prendre des commissions, qui en souffrirait le plus ? La plupart des fabricans pourraient liquider leur commerce, et vivre dans une honnête aisance, mais l'ouvrier qui n'a que son travail, ne viendrait-il pas bientôt, pressé par le besoin, offrir une diminution ? ne préférerait-il pas un gain modique à la misère ?

Les ouvriers sont les plus forts sans doute, et c'est pourquoi c'est le comble de l'ineptie que de prétendre les effrayer par la menace continuelle d'une répression brutale. Mais si on les croit assez insensés pour abuser de leur force en ruinant les fabricans, pourquoi ne pas s'attendre d'un moment à l'autre à un pillage universel, qui mettrait en quelques jours toutes les fortunes dans leurs mains ? Ils le pourraient. Juillet et novembre ont montré comment se pulvérise une garnison. Ils le pourraient, et en l'écrivant je ne crains point révéler un secret terrible, de faire un appel aux passions violentes qu'une fusillade rendrait paisibles souveraines de la cité. Si je crois à la puissance du peuple, je crois aussi à sa moralité et à son intelligence. Le peuple n'ignore plus que toute prétention injuste sontenue par la force, amène une perturbation sociale préjudiciable surtout aux travailleurs qni ont peu de ressources. Les ouvriers savent qu'en réclamant du fabricant ce que celui-ci ne peut leur donner, ils anéantiraient leurs moyens d'existence. Ils ne le voudront jamais.

En demeurant unis ils se rappelleront qu'ils sont les maîtres de leur avenir. Fermes et patiens, vigilans et réservés, ils conserveront l'attitude qu'ils ont gardée dans le procès des chefs d'atelier, celle qui convient aux hommes forts qui ont le droit avec eux. Ils signaleront les abus, et y résisteront. Et si le pouvoir les inquiétait dans l'exercice pacifique et juste de cette faculté, ils trouveraient des voix et des plumes dévouées. Ils attendront ainsi avec calme le jour où les fabricans, mieux éclairés sur leurs véritables intérêts, viendront planter leurs tentes parmi eux, et signer de bonne foi le pacte désiré d'une association fraternelle.

Ce jour viendra; car les hommes sont faits pour s'aimer, et leur plus grande prospérité matérielle, leur plus haute moralité, leurs plus vives jouissances se réaliseront par l'harmonique fusion de leurs efforts et de leurs sentimens.

LYON, IMPRIMERIE DE L. BOITEL, QUAI SAINT-ANTOINE, 36.

www.ingramcontent.com/pod-product-compliance
Ingram Content Group UK Ltd.
Pitfield, Milton Keynes, MK11 3LW, UK
UKHW022216070726
13613UKWH00004B/1708